LOI DU 17 AVRIL 1901

Relative à l'exécution des

EXERCICES DE TIR

PAR LES TROUPES DE TOUTES ARMES

DÉCRETS ET INSTRUCTION PROVISOIRE POUR L'APPLICATION
DE CETTE LOI

PARIS

Henri CHARLES-LAVAUZELLE

Éditeur militaire

10, Rue Danton, Boulevard Saint-Germain, 118

(MÊME MAISON A LIMOGES)

EXERCICES DE TIR

PAR LES TROUPES DE TOUTES ARMES

LOI DU 17 AVRIL 1901

Relative à l'exécution des

EXERCICES DE TIR

PAR LES TROUPES DE TOUTES ARMES

DÉCRETS ET INSTRUCTION PROVISOIRE POUR L'APPLICATION
DE CETTE LOI

PARIS

Henri CHARLES-LAVAUZELLE

Éditeur militaire

10, Rue Danton, Boulevard Saint-Germain, 118

(MÊME MAISON A LIMOGES)

EXERCICES DE TIR

PAR LES TROUPES DE TOUTES ARMES

LOI

relative à l'exécution des exercices de tir par les troupes de toutes armes.

Le Sénat et la Chambre des députés ont adopté,

Le Président de la République promulgue la loi dont la teneur suit :

ARTICLE PREMIER.

Le texte de l'article 28 de la loi du 24 juillet 1873 relative à l'organisation générale de l'armée est remplacé par la rédaction suivante :

« *Art. 28.* — L'instruction progressive et régulière des troupes de toutes armes comprend des exercices de tir soit dans les champs de tir organisés, soit en terrains variés, et se termine, chaque année, par des marches, manœuvres et opérations d'ensemble.

« Pour l'exécution des exercices de tir, l'autorité militaire a le droit soit d'occuper momentanément les propriétés privées, soit d'en interdire l'accès pendant les tirs, à l'exception toutefois des habitations et des bâtiments, cours et jardins y attenant.

« La loi sur les réquisitions militaires fixe les conditions dans lesquelles il est alloué des indemnités pour les dommages résultant de l'exécution des manœuvres ou des tirs, ainsi que le mode d'évaluation et de payement de ces indemnités. »

ART. 2.

L'article 54 de la loi du 3 juillet 1877 relative aux réquisitions militaires est remplacé par les articles suivants : ·

....

« TITRE IX.

« DISPOSITIONS SPÉCIALES AUX GRANDES MANŒUVRES.

« *Art. 54.* — Des indemnités seront allouées en cas de dégâts matériels causés aux propriétés des particuliers ou des communes par le passage ou le stationnement des troupes, dans les marches, manœuvres et opérations d'ensemble prévues par l'article 28 de la loi du 24 juillet 1873.

« Ces indemnités doivent, à peine de déchéance, être réclamées par les ayants droit, à la mairie de la commune, dans les trois jours qui suivent le passage ou le départ des troupes.

« Une commission attachée à chaque corps d'armée ou fraction de corps d'armée opérant isolément procède à l'évaluation des dommages; si cette évaluation est acceptée, le montant de la somme fixée est payé sur-le-champ.

« En cas de désaccord, la contestation est introduite et jugée comme il est dit à l'article 26.

« Un règlement d'administration publique déterminera la composition et le mode de fonctionnement de la commission.

« TITRE X.

« DISPOSITIONS SPÉCIALES AUX EXERCICES DE TIR.

« *Art. 54* bis. — Des indemnités seront allouées en cas de dommages causés soit par des dégâts matériels, soit par privation de jouissance, aux propriétés privées occupées par les troupes ou interdites aux habitants à l'occasion des exercices de tir prévus par l'article 28 de la loi du 24 juillet 1873. L'évaluation et le mode de payement de ces indemnités auront lieu conformément aux règles posées dans les deuxième, troisième et quatrième paragraphes de l'article 54 précédent et dans les conditions qui seront déterminées par un règlement d'administration publique.

« Toutes les fois qu'un chemin vicinal ou rural reconnu entretenu à l'état de viabilité par une commune sera habituellement ou temporairement dégradé, soit par l'exécution des tirs, soit par les charrois qu'ils occasionnent, il pourra y avoir lieu à des subventions spéciales dont la quotité sera proportionnée à la dégradation extraordinaire qui devra être attribuée aux causes susindiquées. Ces dégradations seront constatées et les subventions réglées dans les conditions prévues aux articles 14 de la loi du 21 mai 1886 et 11 de la loi du 20 août 1881.

« Quiconque séjournera ou pénétrera dans les terrains interdits par les consignes des champs de tir ou y laissera séjourner ou fera pénétrer des bestiaux ou bêtes de trait, de charge ou de monture, sera passible des peines prévues par l'article 471, n° 15e, du Code pénal et pourra, en outre, être déchu de tout droit à indemnité en cas d'accident. »

ART. 3.

Sont abrogées les dispositions contraires à la présente loi.

La présente loi, délibérée et adoptée par le Sénat et par la Chambre des députés, sera exécutée comme loi de l'Etat.

Fait à Paris, le 17 avril 1901.

EMILE LOUBET.

Par le Président de la République :

*Pour le Président du Conseil,
Ministre de l'Intérieur et des Cultes, par intérim,
Le Ministre de l'Instruction publique et des Beaux-Arts,*
GEORGES LEYGUES.

Le Ministre des Travaux publics,   *Le Ministre de la Guerre,*
   PIERRE BAUDIN.   Général L. ANDRÉ.

DÉCRET

modifiant le décret du 2 août 1877 relatif aux réquisitions militaires et le complétant par des dispositions spéciales aux exercices de tir.

LE PRÉSIDENT DE LA RÉPUBLIQUE FRANÇAISE,

Sur le rapport des Ministres de la guerre et de l'intérieur ;
Vu la loi du 3 juillet 1877 sur les réquisitions militaires et le décret du 2 août 1877 portant règlement d'administration publique pour l'exécution de ladite loi ;
Vu la loi du 17 avril 1901, relative à l'exécution des exercices de tir par les troupes de toutes armes et notamment le titre X (Dispositions spéciales aux exercices de tir n° 54 *bis*, paragraphe Ier), qui renvoie à un règlement d'administration publique la détermination des conditions dans lesquelles au-

ront lieu l'évaluation et le mode de payement des indemnités allouées en cas de dommages causés aux propriétés privées à l'occasion des exercices de tir ;

Le Conseil d'Etat entendu,

DÉCRÈTE :

ARTICLE PREMIER.

Les articles 114 et 115 du décret du 2 août 1877 portant règlement d'administration publique pour l'exécution de la loi sur les réquisitions militaires sont remplacés par les articles suivants :

« TITRE X.

« DISPOSITIONS SPÉCIALES AUX EXERCICES DE TIR.

« *Art. 114.* — Les indemnités qui peuvent être dues, en vertu du paragraphe 1er de l'article 54 *bis* de la loi du 3 juillet 1877, modifiée par la loi du 17 avril 1901, en cas de dommages causés, soit par des dégâts matériels, soit par privation de jouissance aux propriétés privées occupées par les troupes ou interdites aux habitants à l'occasion des exercices de tir effectués dans les champs de tir permanents ou temporaires sont réglées par des commissions composées et nommées conformément à l'article 108 du titre IX.

« Pour chaque champ de tir, il est constituée une commission permanente dont le membre civil est désigné pour un an.

« Si le champ de tir relève du service de l'artillerie, un officier d'artillerie remplace l'officier du génie ; un officier d'administration du service de l'artillerie remplace l'officier d'administration du service du génie accompagnant la commission dans ses opérations.

« En cas d'insuffisance du personnel du génie ou de l'artillerie de la région, un officier d'une autre arme supplée l'officier d'artillerie ou du génie, membre de la commission, et un officier d'administration d'un autre service remplace l'officier d'administration du service de l'artillerie ou du génie.

« La commission reconnaît, dès sa constitution, les terrains compris dans les zones fixées par l'autorité militaire comme devant être interdites aux habitants pendant l'exécution des différents tirs et se rend compte de leur valeur, de la nature des cultures et de leur production moyenne.

« Elle peut aussi, avant chaque série d'exercices, reconnaître l'état de ces terrains.

« Les demandes d'indemnités doivent, à peine de déchéance, être déposées à la mairie de la commune dans les trois jours qui suivent, soit chaque exercice de tir isolé, soit la fin le chaque série d'exercices de tir, selon l'avis donné par l'autorité militaire aux maires des communes.

« Les maires préviennent les intéressés et transmettent à la commission un état individuel mentionnant la date de la réclamation, la nature du dommage et la somme réclamée.

« La commission se transporte alors successivement sur les terrains des réclamants, en prévenant à l'avance les maires du moment de son passage, et procède conformément aux articles 110, 111, 112 et 113 du titre IX.

« En cas de refus de l'indemnité offerte par l'Administration militaire, la contestation est introduite et jugée comme il est dit aux paragraphes 4 et suivants de l'article 26 de la loi du 3 juillet 1877.

« *Art. 115.* — Les indemnités qui peuvent être dues à l'occasion de l'organisation des champs de tir de circonstance sont réglées conformément à l'article 114 précédent. Toutefois, il est constitué pour chaque champ de tir organisé une commission comprenant :

« Un fonctionnaire de l'intendance, *président*, désigné par le général commandant la région ;

« Un officier de la troupe exécutant les tirs, désigné par le commandant de cette troupe ;

« Un membre civil désigné, soit par le maire, s'il n'y a qu'une commune intéressée, soit par le préfet, s'il y en a plusieurs.

« Les indemnités acceptées séance tenante sont réglées, soit par l'officier faisant partie de la commission, muni à cet effet d'une avance de fonds, soit par un officier d'administration désigné par le général commandant la région pour accompagner la commission.

« DISPOSITIONS GÉNÉRALES.

« *Art. 116.* — Les règlements antérieurs sont abrogés en ce qu'ils ont de contraire au présent décret.

« *Art. 117.* — Les Ministres de la guerre, de la marine, de l'intérieur et des travaux publics sont chargés, chacun en ce qui le concerne, de l'exécution du présent décret, qui sera publié au *Journal officiel* et inséré au *Bulletin des lois.* »

ART. 2.

Sont abrogées toutes les dispositions contraires au présent décret.

ART. 3.

Les Ministres de la guerre et de l'intérieur sont chargés,

chacun en ce qui le concerne, de l'exécution du présent décret, qui sera inséré au *Bulletin des lois* et publié au *Journal
officiel*.

Fait à Paris, le 29 décembre 1901.

EMILE LOUBET.

Par le Président de la République :

Le Président du Conseil,
Le Ministre de la Guerre, *Ministre de l'Intérieur et des Cultes,*
Général L. ANDRÉ.　　　　WALDECK-ROUSSEAU.

DÉCRET

**rendant applicables à l'Algérie les dispositions de la loi du
17 avril 1901 relative à l'exécution des exercices de tir
par les troupes de toutes armes.**

LE PRÉSIDENT DE LA RÉPUBLIQUE FRANÇAISE,

Sur le rapport du Président du Conseil, Ministre de l'Intérieur et des Cultes, et du Ministre de la Guerre,

Vu la loi du 24 juillet 1873 sur l'organisation générale de
l'armée ;

La loi du 3 juillet, le décret du 2 août 1877 et le décret du
8 août 1885 sur les réquisitions militaires ;

La loi du 17 avril 1901 relative à l'exécution des exercices
de tir par les troupes de toutes armes ;

Le décret du 23 août 1898 sur le Gouvernement et la haute
administration de l'Algérie ;

L'avis du Conseil de Gouvernement, en date du 19 juillet
1901,

DÉCRÈTE :

ARTICLE PREMIER.

Les dispositions de la loi du 17 avril 1901 sont déclarées
applicables à l'Algérie.

ART. 2.

Le Président du Conseil, Ministre de l'Intérieur et des Cultes, et le Ministre de la Guerre sont chargés, chacun en ce qui
le concerne, de l'exécution du présent décret.

Fait à Paris, le 14 mars 1902.

EMILE LOUBET.

Par le Président de la République :

Le Président du Conseil,
Ministre de l'Intérieur et des Cultes, *Le Ministre de la guerre,*
WALDECK-ROUSSEAU　　　　Général L. ANDRÉ.

INSTRUCTION PROVISOIRE DU 3 AOUT 1901

MODIFIÉE LE 9 AVRIL 1902

pour l'application de la loi du 17 avril 1901 relative à l'exécution des exercices de tir par les troupes de toutes armes.

La loi du 17 avril 1901 comprend trois parties principales :

1° Elle consacre, pour l'autorité militaire, le droit d'occuper ou d'interdire temporairement, moyennant indemnités, les propriétés privées pour l'exécution des exercices de tir ;

2° Elle modifie la procédure actuellement suivie pour le règlement des indemnités en cas de dommages causés aux propriétés à l'occasion des exercices de tir et prescrit que ce règlement aura lieu désormais d'après des règles analogues à celles suivies dans les manœuvres et dans des conditions à déterminer par un règlement d'administration publique ;

3° Elle donne aux communes droit à des subventions pour dégradations causées à leurs chemins, soit par l'exécution des tirs, soit par les charrois qu'ils occasionnent, et fixe le mode d'allocation de ces subventions.

La loi comporte, en outre, certaines modifications de détail à la législation sur les manœuvres.

§ 1ᵉʳ. — RÉGLEMENTATION DES OCCUPATIONS OU INTERDICTIONS TEMPORAIRES DES PROPRIÉTÉS PRIVÉES A L'OCCASION DES EXERCICES DE TIR.

1° Champs de tir permanents ou temporaires.

Sans modifier la procédure en vigueur pour la création et l'organisation intérieure des champs de tir permanents ou temporaires, la loi du 17 avril 1901 nécessite l'adjonction à cette procédure de la réglementation de l'interdiction des zones dangereuses extérieures, lorsqu'il y a lieu de craindre que les propriétés riveraines puissent recevoir des éclats ou des ricochets.

Dans ce cas, la loi nouvelle, en donnant à l'autorité militaire le droit d'interdire les terrains dangereux, lui confère par cela même le droit d'arrêter, sous sa responsabilité, la délimitation de ces terrains et des mesures de sécurité à prendre pour leur interdiction.

Mais la détermination de ces éléments ne saurait être ar-

rêtée sans que l'autorité militaire se renseigne préalablement
sur les observations auxquelles ses projets pourraient donner
lieu de la part des services publics ou des municipalités et, la
conférence étant le moyen le plus pratique d'effectuer cette
consultation, il conviendra soit de joindre, quand il y aura
lieu, ces éléments aux questions à étudier dans les conférences
réglementaires tenues pour la création des champs de tir ou
des modifications à y apporter par la suite, soit d'en faire l'objet de conférences spéciales.

En conséquence, lors du premier établissement d'un champ
de tir, permanent ou temporaire, on continuera à se conformer
à la procédure antérieure, c'est-à-dire aux décrets des 16 août
1853 (1) et 8 septembre 1878 (2) quand le champ de tir sera
situé dans la zone frontière, à l'arrêté interministériel du
8 avril 1895 (3) quand il se trouvera en dehors de cette zone ;
mais s'il est à craindre que, dans le fonctionnement du champ
de tir, les propriétés riveraines puissent recevoir des atteintes,
on examinera, en outre, dans les conférences, les mesures à
prendre pour la délimitation et l'interdiction des terrains dangereux et ces mesures seront ajoutées au régime du champ de
tir, dont elles formeront une partie spéciale dénommée « régime extérieur », qu'il sera possible de modifier ensuite selon
les résultats de l'expérience, sans qu'il soit nécessaire de re-
prendre tout l'instruction.

Le régime comportera donc désormais deux parties :

1° *Le régime intérieur*, comprenant les mesures relatives à
l'organisation intérieure du champ de tir, savoir :

Les époques générales, les jours de la semaine et les heures
de la journée où auront lieu les tirs ; ,

La nomenclature des bouches à feu et armes dont le tir peut
avoir lieu, ainsi que la nature de leur tir ;

Les secteurs dans lesquels les lignes de tir peuvent être
tracées avec l'indication des bouches à feu ou armes auxquelles ces lignes de tir sont affectées et l'indication des limites en deçà ou delà desquelles on devra placer les objectifs,
les cibles et les tireurs.

2° *Le régime extérieur* comprenant les mesures destinées à
assurer la sécurité des populations, savoir :

Les limites des zones dangereuses, correspondant aux différents tirs, où le stationnement et la circulation dans les pro-

---

(1) Edition méthodique du *Bulletin officiel* du ministère de la guerre,
48ᵉ vol., p. 228.
(2) Edition méthodique du *Bulletin officiel* du ministère de la guerre,
48ᵉ vol., p. 242.
(3) Edition méthodique du *Bulletin officiel* du ministère de la guerre,
48ᵉ vol., p. 40.

priétés et les voies de communication seront interdits pendant l'exécution des feux ;

Les mesures à prendre, lors de l'exécution des différents tirs, pour signaler les terrains et les voies de communication qui seront interdits et pour faire connaître les moments où ces terrains et chemins devront être évacués ; ceux où les tirs commenceront, seront suspendus ou cesseront.

De plus, les projets de l'autorité militaire, en ce qui concerne le champ de tir, seront communiqués, quinze jours au moins avant l'ouverture des conférences, aux représentants des services publics et, par l'intermédiaire du préfet, aux maires des communes intéressées ; ils seront appuyés d'un extrait de carte teinté, à l'échelle convenable, indiquant clairement les limites du champ de tir et des zones dangereuses extérieures correspondant aux différents tirs.

Chaque maire fera déposer ce projet à la mairie de la commune et en préviendra, par voie de publications et d'affiches, ses administrés.

Les maires ou leurs adjoints seront ensuite entendus dans les conférences, conformément aux prescriptions des décrets et arrêtés susvisés, et leurs adhésions ou observations seront consignées au procès-verbal.

Le commandant d'armes ou son délégué sera également entendu aux conférences pour la discussion des services de sécurité à organiser pendant l'exécution des tirs. On devra entendre par « commandant d'armes », pour les champs de tir qui ne relèvent pas d'une place déterminée. l'autorité militaire territoriale qui a la police du champ de tir dans ses attributions.

Le régime approuvé à la suite de l'établissement du champ de tir sera notifié par le Ministre de la guerre : d'une part. au général commandant le corps d'armée chargé d'en assurer l'exécution ; d'autre part, au préfet chargé de donner les instructions nécessaires aux services publics et de notifier les mesures adoptées aux maires des communes intéressées.

Les maires porteront les dispositions du régime extérieur à la connaissance des populations par tous les moyens de publicité en leur pouvoir ; une copie appuyée d'un extrait de carte teinté en sera déposé à la mairie.

Si, postérieurement à l'établissement du champ de tir, il y a lieu d'y apporter une modification affectant son organisation intérieure, la procédure sera reprise conformément aux règles qui ont présidé à son premier établissement.

Mais si la modification n'affecte que le régime extérieur. c'est-à-dire les mesures de sécurité incombant exclusivement à l'autorité militaire, cette modification sera étudiée, à la diligence du service militaire intéressé, dans une conférence spéciale à laquelle prendront part :

1° Le directeur de l'artillerie ou du génie, selon que le champ de tir sera dans les attributions de l'un ou de l'autre de ces services ;

2° Le commandant d'armes ou son délégué ;

3° Les représentants des services publics que concerne la modification ;

4° Les maires ou adjoints des communes intéressées.

Les services publics ou les préfets, soit de leur initiative propre, soit sur la demande des maires approuvée par eux. pourront également demander l'ouverture de conférences de même nature, lorsqu'ils estimeront qu'il y a lieu soit d'établir une zone dangereuse autour d'un champ de tir qui n'en comportait pas, soit de modifier la délimitation de la zone ou les mesures de sécurité précédemment adoptées.

Ces demandes seront transmises, par l'autorité militaire territoriale, au Ministre de la guerre qui décidera si les conférences doivent avoir lieu.

Les procès-verbaux des conférences seront ensuite adressés au Ministre de la guerre, qui statuera.

Le procès-verbal mentionnera, le cas échéant, l'absence des représentants des services publics ou des maires qui ne se seraient pas rendus à la conférence, cette absence ne pouvant empêcher de donner suite à l'étude des mesures de sécurité qui doivent être arrêtées en dernier ressort par l'autorité militaire, sous sa responsabilité.

Les modifications apportées au régime seront notifiées, par le préfet, aux maires des communes intéressées, qui en aviseront les populations.

Le régime général des champs de tir ayant été déterminé comme il vient d'être dit, lorsqu'un exercice de tir isolé ou une série d'exercices de tir devra être effectuée, le commandant d'armes fera connaître directement aux représentants des services intéressés et aux maires, huit jours au moins à l'avance, les jours et heures d'exécution du tir, ou la date du commencement des exercices, avec leur programme journalier indiquant les heures d'ouverture, d'interruption et de cessation du feu. A moins de cas exceptionnels, ces heures devront être réglées de telle sorte que les tirs ne commencent pas avant 5 heures du matin, ne se terminent pas après 4 heures du soir et qu'il y ait au moins une interruption de deux heures au milieu de la journée.

L'autorité militaire indiquera également la date à partir de laquelle les demandes d'indemnités devront être produites, conformément à la loi du 17 avril 1901, dans un délai de trois

jours, soit après l'exécution des exercices de tir isolés, soit
à la fin des séries de tir.

Les maires porteront aussitôt ces renseignements à la connaissance des populations.

Dans le cas où le tir prescrit pour un jour déterminé ne
pourrait pas avoir lieu, le chef de la troupe qui devait l'exécuter avisera directement les services publics et les maires
intéressés et leur fera connaître la date à laquelle le tir sera
reporté; le nouveau tir pourra, dans ce cas, être exécuté vingt-
quatre heures après l'avis.

2° Organisation des tirs de circonstance.

La loi du 17 avril 1901 reconnaissant désormais à l'autorité
militaire le droit d'occuper, moyennant indemnités, les propriétés privées en vue de l'exécution des exercices de tir, il
n'y aura plus besoin, pour l'organisation des tirs de circonstance, de recourir à la procédure compliquée de l'établissement des champs de tir comme on l'avait fait précédemment
pour tirer de cette procédure le droit qui était contesté.

Il a donc été possible d'instituer une procédure plus simple
et mieux adaptée au caractère de ces tirs, qui doivent être des
manœuvres avec feux réels, de courte durée.

Mais l'autorité militaire ne saurait évidemment, sans excé-
der ses pouvoirs, appliquer cette procédure pour l'organisation
d'une série de tirs nécessitant une occupation prolongée ou
répétée des mêmes terrains.

On devra donc prendre comme règle absolue que l'occupation des propriétés privées en vue de l'organisation des tirs
de circonstance ne devra pas, à moins de l'assentiment des
services publics et des maires intéressés, avoir lieu pour plus
de deux jours consécutifs, ni être renouvelée plus d'une fois
par an, sur les mêmes terrains.

Quand il y aura lieu d'organiser un de ces tirs, l'autorité
militaire fixera :

1° La zone à occuper, sur laquelle seront placés les troupes
et les objectifs, avec la direction des lignes de tir ;

2° Le terrain qui constituera, autour de cette première zone,
la zone dangereuse à interdire ;

3° Les mesures de sécurité ayant pour objet de réglementer
dans les deux zones le stationnement et la circulation pendant
le tir ;

4° Les jours et heures auxquels les tirs sont exécutés et, au
cas où ils ne pourraient pas avoir lieu aux jours fixés, les
jours auxquels ils seraient reportés.

La détermination de ces éléments sera faite, tant dans la
zone frontière qu'en dehors, à la suite d'une conférence à un
seul degré, à laquelle prendront part :

1° Le directeur de l'école d'artillerie si le tir ne doit être exécuté que par des troupes de cette arme, ou le directeur ou le chef du génie si le tir doit être exécuté par des troupes d'infanterie ou des troupes de toutes armes ;

2° Le commandant de la troupe ayant à exécuter les tirs ;

3° Les représentants des divers services publics intéressés désignés par le préfet ;

4° Les maires ou adjoints des communes.

La conférence aura lieu à la diligence du général commandant le corps d'armée, qui en prendra l'initiative en communiquant, quinze jours au moins à l'avance, ses projets au préfet, lequel préviendra les services publics et les municipalités.

Les représentants des services publics et des municipalités formuleront, à la conférence, leurs adhésions ou observations, qui seront consignées au procès-verbal.

Le procès-verbal mentionnera également, s'il y a lieu, l'absence des représentants des services publics ou des maires qui ne se seraient pas rendus à la conférence.

S'il y a adhésion unanime et sans réserve des conférents, le procès-verbal sera adressé au général commandant le corps d'armée, qui l'approuvera et notifiera sa décision directement aux autorités militaires chargées de l'exécution, ainsi qu'aux représentants des services publics et aux maires intéressés. Cet officier général préviendra, en même temps, les maires de la date à partir de laquelle les demandes d'indemnités devront être produites, conformément à la loi du 17 avril 1901, dans un délai de trois jours après l'exécution du dernier tir, et il invitera, s'il n'y a qu'une commune, le maire à désigner le membre civil qui devra faire partie de la commission de règlement des indemnités prévue par l'article 115 du décret du 2 août 1877, modifié par le décret du 29 décembre 1901. Le commandant du corps d'armée préviendra également le préfet en lui demandant, quand il y aura plusieurs communes, de désigner le membre civil de la commission.

Le tir pourra avoir lieu huit jours après la notification faite aux maires, conformément au paragraphe précédent. Les maires donneront la plus grande publicité aux dispositions prises et les notifieront individuellement à chacun des occupants des terrains compris dans la première zone.

En cas d'adhésion sous réserve de certaines modifications, le commandant du corps d'armée pourra également approuver le procès-verbal, s'il accepte les modifications demandées; il signalera alors ces modifications aux services et municipalités intéressés, en leur notifiant la décision prise, et les maires en aviseront les populations.

Si le commandant du corps d'armée ne croit pas devoir donner satisfaction aux réserves faites par les adhérents, ou s'il y a désaccord entre les conférents, le procès-verbal sera transmis au Ministre, qui statuera et fera notifier sa décision au sujet de l'organisation des tirs par le commandant du corps d'armée, dans les conditions ci-dessus.

3° Dispositions communes aux deux paragraphes précédents.

La constatation des infractions prévues par le paragraphe 3 du nouvel article 54 *bis* de la loi du 3 juillet 1877, modifiée par la loi du 17 avril 1901, sera faite par les gardiens assermentés des champs de tir (officiers d'administration des services de l'artillerie et du génie et gardiens de batterie) et par les officiers de police judiciaire militaire désignés aux articles 84 et 85 du Code de justice militaire, ou, à leur défaut, sur la demande des militaires chargés du service de sécurité, par les gardes champêtres et les gardes forestiers.

Il est utile de faire remarquer que les agents de l'autorité militaire, qualifiés pour la constatation des infractions, comprendront notamment :

1° En vertu du paragraphe 3 de l'article 84 du Code de justice militaire, les *chefs des postes* de sécurité ;

2° En vertu de l'article 85 du même Code, les chefs de corps ou de détachement de troupes exécutant les tirs, les chefs de corps pouvant déléguer leurs pouvoirs à l'un des officiers sous leurs ordres, par exemple à l'officier de tir ou au directeur du parc.

Si le contrevenant n'appartient pas à l'armée, le procès-verbal devra être transmis, conformément à l'article 98 du Code de justice militaire, par le commandant du corps d'armée au procureur de la République, les tribunaux de police ordinaire étant seuls compétents pour les juger; mais, jusqu'à nouvel ordre, il ne sera engagé aucune poursuite de ce genre sans qu'il en ait été préalablement référé au Ministre de la guerre (Direction du Contentieux et de la Justice militaire — Bureau de la Justice militaire).

Le paragraphe 3 du nouvel article 54 *bis* de la loi du 3 juillet 1877 et le paragraphe 2 du nouvel article 28 de la loi du 27 juillet 1873 donnent, d'ailleurs, à l'autorité militaire, le droit d'employer la force pour empêcher la pénétration ou le séjour dans les terrains interdits; on ne devra, bien entendu, user de violence dans ces cas que s'il y a réellement danger pour les contrevenants; mais il devra toujours être dressé un procès-verbal de contravention pour servir, au besoin, de base au refus d'indemnité en cas d'accident.

4° Dispositions transitoires.

Les dispositions du paragraphe 1er devront être appliquées désormais, à tous les champs de tir permanents et temporaires à organiser dans l'avenir.

Elles seront également applicables à ceux précédemment

organisés; à cet effet, aussitôt après la notification de la présente instruction, tous les régimes des champs de tir permanents ou temporaires en service comportant une zone dangereuse extérieure seront revisés, à la diligence de l'autorité militaire territoriale, dans les conditions prévues au paragraphe 1er ci-dessus pour la modification des régimes extérieurs. Le régime définitif, approuvé par le Ministre à la suite des conférences tenues conformément audit paragraphe, servira de base pour l'avenir.

Les dispositions des paragraphes 2 et 3 seront également immédiatement exécutoires ; la procédure prescrite par le paragraphe 2 devra désormais être exclusivement appliquée à la place de celle prescrite par la circulaire du 6 juillet 1899, qui est abrogée. — Si des instructions ont été commencées sous le régime de cette circulaire pour l'organisation de tirs de circonstance, elles seront reprises conformément aux principes nouveaux posés dans la présente instruction.

§ 2. — RÈGLEMENT DES INDEMNITÉS POUR DOMMAGES CAUSÉS AUX PROPRIÉTÉS PRIVÉES A L'OCCASION DES EXERCICES DE TIR.

Les conditions d'évaluation et de payement des indemnités pour dommages causés aux propriétés privées à l'occasion des exercices de tir sont déterminées par le décret portant règlement d'administration publique en date du 29 décembre 1901, et qui sera immédiatement exécutoire.

Les commissions permanentes à constituer en vertu du nouvel article 114 du décret du 2 août 1877, modifié par le décret du 29 décembre 1901 précité, devront être immédiatement désignées et procéder, avant l'ouverture de la période des tirs, à la reconnaissance des terrains compris dans les zones dangereuses.

Les membres des commissions de règlement des dommages causés par les exercices de tir auront droit, lorsqu'ils se déplaceront, aux mêmes allocations que les membres des commissions similaires constituées aux manœuvres.

Le payement des indemnités aux habitants et des allocations des membres des commissions sera effectué conformément aux prescriptions des paragraphes a, b et c du chapitre II et du titre II de l'instruction du 1er mai 1897 (1), le libellé des états joints à cette instruction étant modifié en conséquence.

En cas d'appel à la juridiction civile, il sera procédé conformément au chapitre III du titre II de la même instruction, le sous-intendant, président de la commission en cause, représentant l'Administration militaire à l'instance.

---

(1) Édition méthodique du *Bulletin officiel* du ministère de la guerre, 58ᵉ vol., p. 3.

Les archives des commissions permanentes des champs de tir permanents et temporaires et les dossiers des commissions éventuelles constituées pour les champs de tir de circonstance seront conservés par la direction du service de l'Intendance de la région, à qui les sous-intendants militaires, présidents des commissions, demanderont, le cas échéant, les documents qui leur seraient utiles et renverront, au fur et à mesure, les dossiers relatifs à leurs opérations.

Les mêmes fonctionnaires, officiers ou officiers d'administration, pourront faire partie de plusieurs commissions permanentes ou éventuelles.

On ne devra pas perdre de vue que la procédure indiquée ci-dessus est tout à fait distincte de celle qui est relative aux indemnités pour dommages causés aux *chemins vicinaux*, et incombera, d'ailleurs, désormais à un service différent.

On se conformera, pour cette dernière, exclusivement aux prescriptions du paragraphe suivant.

§ 3. — DÉGRADATIONS AUX CHEMINS ENTRETENUS PAR LES COMMUNES.

Le deuxième paragraphe du nouvel article 54 *bis* de la loi du 3 juillet 1877 relatif aux dégradations des chemins entretenus par les communes étant immédiatement exécutoire, il y aura lieu de régler, dès cette année, les dégâts causés à ces chemins, soit par les tirs, soit par les charrois qu'ils occasionnent ; mais les chemins avoisinant ou traversant le champ de tir, ne pouvant subir de dégradations que du fait des projectiles ou des charrois d'artillerie, il n'y aura pas à s'occuper de l'application de cette partie de la loi dans les champs de tir excusivement réservés à .l'infanterie, mais seulement dans les champs de tir pour toutes armes et les champs de tir d'artillerie.

D'après la loi, le règlement doit avoir lieu conformément aux dispositions combinées de la loi du 21 mai 1836 (art. 14) et de la loi du 22 juillet 1889 (art. 13 et suivants), qui s'expriment ainsi au sujet des subventions à accorder pour des dégradations extraordinaires aux chemins vicinaux :

Loi du 21 mai 1836. — « *Art. 14.* — Les subventions pourront, au choix des subventionnaires, être acquittées en argent ou en prestations en nature, et seront exclusivement affectées à ceux des chemins qui y auront donné lieu.

« Elles seront réglées annuellement, sur la demande des communes, par les conseils de préfecture, après des expertises contradictoires.....

..... « Ces subventions pourront aussi être déterminées par abonnement.

Loi du 22 juillet 1889. — « *Art. 13.* — En matière de

subventions spéciales pour dégradations extraordinaires pour chemins vicinaux, l'expertise doit être ordonnée si elle est demandée par les parties ou par l'une d'elles pour faire vérifier les faits qui servent de base à la réclamation ;

« *Art. 14.* — L'expertise sera faite par trois experts, à moins que les parties ne consentent qu'il y soit procédé par un seul.

« Dans ce dernier cas, l'expert est nommé par le conseil, à moins que les parties ne s'accordent pour le désigner.

« Si l'expertise est confiée à trois experts, l'un d'eux est nommé par le conseil de préfecture, et chacune des parties est appelée à nommer son expert. »

Quant à l'article 11 de la loi du 20 août 1881, il se borne à appliquer aux chemins ruraux reconnus entretenus à l'état de viabilité, les mêmes règles qu'aux chemins vicinaux.

Ces lois laissent donc à l'Administration militaire la faculté d'opter entre des prestations en nature et des allocations en argent, et entre une indemnité réglée chaque année après constatation des dégâts et un abonnement à forfait.

Malgré l'économie qui pourrait résulter de l'emploi de la main-d'œuvre militaire, il est préférable d'acquitter les subventions en deniers, afin d'éviter de distraire des hommes du service et de ne pas s'exposer à des contestations avec les communes.

D'un autre côté, l'abonnement annuel, praticable pour les champs de tir permanent de l'artillerie, qui reçoivent tous les ans à peu près le même effectif de troupes, ne saurait évidemment être adopté avant qu'une expérience d'au moins une année complète ait permis de se rendre compte de l'importance des dégâts causés aux chemins à l'occasion des écoles à feu ; ce mode de subvention ne pourrait pas, en tout cas, s'appliquer aux champs de tir temporaires ou de circonstance.

Par suite, jusqu'à nouvel ordre, les subventions à allouer, pour dégâts causés aux chemins vicinaux et ruraux devront être réglées, chaque année, après constatation des dégâts et en deniers, les communes étant chargées de faire procéder à la réparation de toutes les dégradations.

On suivra, pour la procédure, les règles ci-après, conformes à celles qui sont prévues dans l'instruction générale sur le service des chemins vicinaux, émanée du Ministre de l'intérieur, pour le règlement des dégradations visées par l'article 14 de la loi du 21 mai 1836. lorsque, les dégradations n'étant que temporaires, la constatation de l'état de viabilité des chemins peut précéder le commencement de l'exploitation et la demande de subvention peut suivre immédiatement l'achèvement des transports.

Le chef local du service ayant le champ de tir dans ses attributions représentera l'Administration militaire dans cette procédure, vis-à-vis des maires, des préfets et devant le conseil de préfecture, et sera chargé de désigner les officiers appelés à participer aux constatations d'état des lieux, ainsi que, le cas échéant, les experts pour l'autorité militaire.

1° *Champs de tir permanents et temporaires.*

Chaque année, au moins vingt jours avant l'ouverture de la période des tirs, le chef du service militaire demandera aux maires pour les chemins vicinaux ordinaires et ruraux, ou au préfet pour les chemins vicinaux de grande communication et d'intérêt commun, de faire procéder à la constatation contradictoire de l'état des chemins susceptibles d'être dégradés.

A cette constatation, qui doit être faite par l'agent voyer cantonal en présence du maire pour les chemins vicinaux ordinaires et ruraux, ou par l'agent voyer de l'arrondissement ou son délégué pour les chemins vicinaux de grande communication et d'intérêt commun, l'Administration militaire sera représentée par un officier ou un officier d'administration du génie ou d'artillerie, selon le service dont relève le champ de tir (1).

De plus, si, au cours des exercices de tir, il se produit une dégradation nécessitant une remise en état immédiate (telle que, par exemple, la rupture d'un pont), le fait fera aussitôt l'objet d'une demande de constatation contradictoire.

Si les parties ne peuvent se mettre d'accord sur les causes et l'étendue du dommage, la désignation d'un expert sera demandée au président du conseil de préfecture pour l'établissement d'un procès-verbal de constat, par application de l'article 24 de la loi du 22 juillet 1889 (2).

Il sera procédé de même si, au cours des exercices, les gardiens des champs de tir constatent, sur les chemins environnant les polygones, des dégâts résultant de charrois non militaires. ou toute autre dégradation accidentelle non imputable à l'Administration.

Aussitôt après la clôture des écoles à feu, le chef du service militaire invitera les maires ou le préfet, selon les chemins intéressés, à lui adresser leurs demandes de subventions.

Ces demandes, préparées par les agents voyers dans le mois suivant la fin de l'exécution des tirs et remises par eux aux

---

(1) En cas d'insuffisance du personnel du service dont relève le champ de tir, le commandant du corps d'armée peut mettre temporairement à la disposition du chef de ce service, pour procéder aux constatations, un officier des corps de troupe de la région utilisant le champ de tir ou un officier d'administration d'un des services de l'intendance.

(2) « *Art. 24.* — En cas d'urgence, le président du conseil de préfecture peut, sur la demande des parties, désigner un expert pour constater des faits qui seraient de nature à motiver une réclamation devant ce conseil.

« Avis en est immédiatement donné au défendeur éventuel. »

maires ou au préfet, doivent être notifiées par ceux-ci, par voie administrative, à l'autorité militaire, avec invitation de faire connaître, dans le délai de dix jours, s'il y a adhésion à la demande de la commune.

Si, après examen des demandes de subventions, le chef du service militaire juge que certaines d'entre elles sont exagérées ou sans fondement, il adressera ses observations au maire, ou au préfet, en offrant de faire expertiser amiablement le dommage par un représentant de l'autorité militaire et un représentant de la commune ou du département.

Si cette proposition n'est pas acceptée ou si les experts amiables ne se sont pas mis d'accord, le chef du service militaire demandera l'expertise légale au conseil de préfecture, en s'efforçant de s'entendre avec le maire ou le préfet pour la désignation d'un expert unique.

L'expert à déléguer par l'autorité militaire, soit pour l'expertise amiable, soit en cas de désignation de trois experts, sera, autant que possible, le même officier ou officier d'administration qui a procédé à la reconnaissance du terrain avant l'ouverture des tirs ; l'état des lieux établi à ce moment devra, en tout cas, être produit à l'expertise amiable ou légale, ainsi que, s'il y a lieu, les procès-verbaux de constat dressés comme il a été dit ci-dessus.

Après détermination du chiffre de la subvention, le chef du service ayant le champ de tir dans ses attributions avisera le directeur du service de l'intendance de la région qui, sur les crédits de la justice militaire, ordonnancera, au profit de la commune, le montant des subventions qui lui sont dues.

2° *Champs de tir de circonstance.*

Les mêmes règles devront être suivies pour les champs de tir de circonstance organisés pour l'artillerie ou pour les troupes de toutes armes ; cependant, ces champs de tir ne pouvant donner lieu à des dégradations importantes du fait des charrois militaires et les dommages aux chemins devant se borner aux dégâts accidentels causés par les projectiles d'artillerie, on pourra se dispenser de demander la constatation préalable de l'état des chemins, à moins que ceux-ci soient manifestement dans de mauvaises conditions d'entretien, et il suffira de provoquer le règlement des subventions aussitôt après la fin des tirs.

Le commandant de la troupe ayant exécuté les tirs devra, dès que les exercices seront terminés, aviser le chef du service local ayant le champ de tir dans ses attributions (1) pour que celui-ci fasse le nécessaire.

---

(1) Le chef de service est, pour les champs de tir de l'infanterie et

3° *Dispositions transitoires.*

Pour le règlement des dégradations qui auront été causées cette année aux chemins vicinaux entre la date de la promulgation de la loi et la publication de la présente instruction et qui n'auront pu être précédées de la constatation de l'état des chemins ni être immédiatement suivies de la vérification des dégâts, les chefs des services locaux se borneront à examiner les demandes de subventions qui seront produites et, en cas de contestation, à faire valoir devant le conseil de préfecture les objections qu'ils auraient à formuler.

§ 4. — DISPOSITIONS DE LA LOI INTÉRESSANT LES GRANDES MANŒUVRES.

Il convient de remarquer que la loi du 17 avril 1901 a, en outre de ses dispositions nouvelles relatives aux exercices de tir, modifié les prescriptions antérieures concernant les grandes manœuvres, sur le point suivant :

Le nouvel article 54 de la loi du 3 juillet 1877 spécifie que les indemnités ne sont dues, en cas de grandes manœuvres, que pour les *dégâts matériels* causés aux propriétés, et il ajoute les propriétés *des communes* aux propriétés privées pouvant de ce chef bénéficier d'indemnités.

Cette modification ne fait que consacrer, sur la question des dommages aux propriétés, les errements antérieurs.

Elle permettra, toutefois, d'écarter désormais, sans discussion, toute demande d'indemnité fondée uniquement sur une privation de jouissance dans les manœuvres d'ensemble.

De plus, si elle reconnaît aux communes le droit à indemnité en cas de dégâts matériels causés à « leurs propriétés », c'est-à-dire leur *domaine privé* (bois, par exemple), la loi nouvelle ne saurait être considérée comme étendant ce droit aux dommages causés au *domaine public communal*, et rien n'est à modifier dans les prescriptions de la circulaire du 13 août 1897 (1), qui autorise d'ailleurs, dans certains cas, à accorder des indemnités à titre gracieux pour dégradations à ce domaine. Ce n'est qu'à l'occasion des exercices de tir que des indemnités pourront être dues pour dégradations aux chemins vicinaux et ruraux reconnus et exclusivement pour cette partie du domaine public communal.

---

ceux pour toutes armes, le chef du génie; pour les champs de tir de l'artillerie, le directeur de l'école d'artillerie.

Un officier de la troupe ayant exécuté les tirs peut, sur l'ordre du commandant du corps d'armée, être mis à la disposition du chef de service intéressé pour procéder, quand il y a lieu, aux constatations.

(1) Edition méthodique du *Bulletin officiel* du ministère de la guerre, 58° vol., page 54.

TABLE DES MATIÈRES.

Paris et Limoges. — Imprimerie militaire Henri CHARLES-LAVAUZELLE.

www.ingramcontent.com/pod-product-compliance
Lightning Source LLC
LaVergne TN
LVHW012323050726
842524LV00004B/1582